AF603749

SONORO AMOR AL ATARDECER

Crosbil Idrogo Saldaña

SONORO AMOR AL ATARDECER
© Crosbil Idrogo Saldaña

Editado por: Corporación Ígneo, S.A.C.
para su sello editorial Ediquid
Av. Arequipa 185 1380, Urb. Santa Beatriz. Lima, Perú
Primera edición, mayo, 2023

ISBN: 978-612-5078-90-2
Impresión bajo demanda

Hecho el Depósito Legal en la Biblioteca Nacional del Perú N° 2023-03514
Se terminó de imprimir en mayo de 2023 en:
ALEPH IMPRESIONES SRL
Jr. Risso Nro. 580 Lince, Lima

www.grupoigneo.com
contacto@grupoigneo.com
Facebook: Grupo Ígneo
Twitter: @editorialigneo
Instagram: @grupoigneo

Colección: Nuevas Voces

CONTENIDO

Agradecimiento 7

La carta 13
Un amor en Retamas 15
Tu sonrisa 17
Mi gota de agua 18
Perfecto amor 19
Perderte 21
T6 709 22
Estás presente 23
Amor divino 25
Te busqué 26
Este día 27
Tu nombre 28
Tu imagen 29
Esperanza 30
La noche 31
Quisiera amarte 32
Mujer 34
Si te vas 35
Si me dejas ahora 36
Mis sentidos 38
No me abandones 40
Volveré 41
El tiempo que todos temen 42
Criatura 44
Sufrirás por un amor 45
Más allá 47
Adiós 49

AGRADECIMIENTO

Agradezco primeramente a Dios por darme la vida y poder existir para hacer lo que nos ha encomendado en esta tierra tan humana, buena y fraterna.

El poemario *Sonoro amor al atardecer* es de suma importancia para mí.

Escuchamos que los jóvenes son el futuro de la patria. En sus manos se encuentra el destino de nuestro planeta Tierra y del gran universo. Algunos de ellos serán los futuros presidentes de la República del Perú, sobresalientes líderes o emprendedores; otros, artistas, escritores, escultores, descubridores, padres y maestros de prestigio para la nación.

Sarela, mi hija, es parte de los escritos recopilados en mi poemario. Esta dama noble me ha otorgado el mayor de todos los honores al que un hombre puede aspirar: ser un generoso padre. Gracias por su ayuda, entusiasmo e inspiración. Sin ella, este florilegio poético no habría sido posible.

Quiero agradecer a la familia Idrogo de la región de Cajamarca, provincia de Chota; a mis hermanos Segundo, Manuel, Irma, Marina, Víctor y Sara, respectivamente.

Agradecimientos especiales a mi familia

Saldaña en Chiclayo (Lima), a mi matriarca Luz Saldaña Rodríguez y a todos los de mi prole.

Agradecimientos infinitos a la eterna familia en La Provincia Pataz, Distrito de Parcoy (Retamas): Anita Jara Flores, Neise Aline, Kener Jilian, Kevin Joel y Dabria. Gracias porque cada día me enseñan a vivir libre de excusas o limitaciones.

Gracias a todos los profesores, padres, consejeros, psicólogos y estudiantes que enriquecieron estos poemas con el excelente aporte incondicional de su tiempo.

Agradezco a todos los jóvenes de mi entorno y a todas las personas en general, de todas las edades, por encontrarnos juntos y haber compartido nuestros retos.

Laguna Pias, provincia de Pataz, departamento de La Libertad.

Los huaris de Parcoy, 2021.

Retamas vista desde arriba.

Quisiera seguir amando para no envejecer ahora,
al leer estas hermosas prosas.

Crosbil Idrogo Saldaña

La carta

Sé que no me recibirás,
pero tengo la seguridad de que esta carta leerás.
Quiero decirte que eres importante y buena.
El tiempo está de tu lado.

Te escribo para decirte cuánto te aprecio,
en todos los lados estás tú.
Rebosa en la plebe tu imagen;
el no hablarte me mataría.

Sé que soy un hijo lejano a tu vida
porque no te acuerdas de mí, hablemos hoy día.
Cuéntame de tu vida, que la mía ya trajinó.

Cada vez que te ven mis ojos, decirte quisiera:
«Mucho he perseguido la senda tuya
para llegar a tu lado».

Cuando estoy contigo, siento que no eres mía.
Cuando te vas, mi ilusión también se va.
No sabes cuánto he llorado;
he duplicado mis esperanzas
para que tú y yo nos encontremos.
Para que me enseñes tu camino de libertad.

Decirte que vivamos unidos, como una libreta de Cívica:
derechos y deberes que ambos debemos tener
porque eres el amor incomparable de este mundo.

Me portaré como un soldado de luchar a tu lado.
Lo que escribo acá, te aseguro
que en la eternidad le daré lectura.
Privilegiada serás porque esta carta es para ti.

Gritaré con mi corazón en la mano tu nombre,
grandioso el mundo que me cobija al escribirte,
feliz al saber que leerás mis tristes palabras.
Gracias, pequeña mía.

Un amor en Retamas

Nuestros corazones, en una noche
fría y escondida. La luna estaba apagada,
el sol se fue muy rápido.
No tuvieron la capacidad para despedirse.

La fuerza del día, la tranquilidad de la noche
se juntaron como hermanos tristes
al sentir nuestra despedida.

Llora el mundo,
lloro yo, lloras tú.
Me pregunto con qué corazón sentimos
la añoranza de nuestras mentes,
cegados por la amistad, tanto el mío pidiendo
que vuelvas, como el tuyo siento decir: «Espérame».
Un abrazo tranquilizó nuestras almas.

Entre cenizas y ternuras mi mente dibujó
la canción de la llanura colmada de color
que lleva un sello inigualable
llamado amistad.

Estaré siempre rondando
como un colibrí que en su vuelo no descansa
hasta encontrarte quieta y amada
con un corazón que Dios
dibujó para nosotros dos.

En los momentos que vivo recorro mi existencia.
El amor no ingresó a mi corazón
hasta que te vi llegar.
Sé que existe esa amistad llamada AMOR.
Es lo más bello y comprensible.
En mis sueños escucho tu voz.
Veo tu imagen en mi universo.

Voy a obsequiar al mundo
un legado
libre para todas las generaciones,
simple y hermoso, en esta amistad,
diciendo que MI AMOR TE PERTENECE.

Tu sonrisa

Buscaré un momento para decirte que te amo,
pediré al tiempo un espacio para adorarte,
le diré a la eternidad lo digno que es tenerte;
porque tu sonrisa acelera la sangre en mis venas.

La hermosura de tu sonrisa
ha dado vida a mi existencia.
mi mundo es más hermoso a tu lado.

Quisiera no olvidarme de ti en ningún momento
porque tú me llevas
más allá de la eternidad,
eres mi mundo de principio sin final,
mi religión, mi llanto melancólico.

Tú ocupas mis momentos más felices,
nunca dejaría de vivir mi alma sin ti
porque la inmortalidad
ha ocupado un lugar especial en mi ser
desde el día que te vi sonreír.

Eres la reina que ha conquistado
mi mundo presente y futuro.
La vida había sido muy ingrata conmigo
hasta que vi tu sonrisa.

Mis ojos dejaron de llorar,
mi mundo se llenó de alegría.
Mis días alegres estarán al verte
sonreír a mi lado, amada mía.

Mi gota de agua

Podrá el sol nublarse eternamente,
podrá secarse el mar en un instante,
podrá romperse el eje de la Tierra como un débil cristal,
podrá la Muerte cubrirme con su fúnebre crespón,
¡todo ha de suceder!
Pero jamás mi corazón dejará de latir por tu amor.

En el requinto de tu corazón estoy postrado,
regalándote mis sentimientos,
tú eres la gota de mis ojos.
Quiero decirle al cielo y a la tierra cuánto amo
tu digna y suave imagen de mujer.
El sol va alumbrando mi camino
al vernos juntos caminar,
entonando mis canciones.
En cada canto, dibujaré mi amor para ti.
Tú eres la luz de mis ojos,
el mundo sonríe por las mañanas.

A veces, trato de demostrarle al mundo,
con una sonrisa que llevo, tu hermosa figura.
En cada segundo que pasa siento tu presencia, tu mirada;
escucho tu voz; el llanto se apodera de mi ser.
Serás mi gota de agua, ahora y siempre.

Perfecto amor

La tristeza que me embarga es muy grande,
tanto que aun ni la negra muerte me puede acoger.
Sé que mi alma vive vagando
por muchos siglos por este valle doloroso,
buscando un perfecto amor.

Mi existencia murmura
la vida que llevo; no tiene importancia.
Puede ser vivida al lado de esa
tranquilidad que tú me das.

Amor, dame el permiso para amarte,
tenerte en mi mundo, dibujarte en mis días hermosos.
Mi corazón suspira
cuando mi alma siente tus pasos.

En la madrugada de cada mañana,
mi corazón despierta velando por tu descanso.
Ni el tiempo ni la soledad podrán herir los
hermosos recuerdos que tú y yo viviremos.

Tú serás mi perfecta criatura,
estarás más cerca de mí;
en mis horas alegres y tristes,
en mi soledad estarás tú.

Cuando cante en tus oídos, en cada suspiro,
escucharás mi quietud.
Eres el amor infinito, casi perfecto,

eres la mujer de mi canción infinita.
Eres la imagen de mi despedida,
eres la voz de mi consuelo.
Serás del vivir mi anhelo.
Serás mi perfecto amor.

Perderte

Siento que vas desapareciendo
lentamente. Los latidos de mi corazón
se apoderan de mi frágil existencia,
cuando no estás presente.

No me bastaría llorar al mundo que me rodea,
mis amistades no podrían entender tu ausencia.
Mi alma no podría vivir en libertad,
si no me regalas un momento de tu amor.

Perderte
es ver el universo vacío.
No veré a la gente
con una sonrisa en su hermoso rostro.
No sentiré el calor del sol,
no tocaré las hermosas gotas que caen del cielo,
se irán los días,
se escapará la noche,
la música dejará de sonar,
el sonido de nuestro mundo
estará en un eco muy lejano.

No habrá dolor
ni riqueza que cambie mi amor
ni tormenta que me aleje de tu lado.
Mis sentidos, mi alegría, mi alma son tuyos,
mi mente te pertenece.
no permitas perderte, amada mía.

T6 709

Cómo podría olvidarte
si la vida me enseña que eres primero.
No importa la distancia, yo te amo.
Después de todo tú estarás a mi lado.
La espera es dulce si se ama de verdad.

Si alumbras mi senda,
serás la luz que acompaña mi andar.
Nunca mis ojos se cansarán de mirarte,
nunca se fatigará mi corazón al amarte.

Mi confidente será la noche,
ella llevará el secreto de amarte;
la felicidad será mi dulce compañía
para alegrar el triste jardín de mi vida.

Hasta el universo está celoso de nuestro amor,
que algo tan simple nos une, para inmortalizarnos.
Gracias al maravilloso regalo enviado,
que es tan especial para mí.
Gracias, Dios, por lo que alcanzan a mirar mis ojos.

Si el amor es de Dios, Él pondrá el
tiempo para amarnos. El infinito sabrá mi
voluntad de amarte; el tiempo curará todas
mis heridas; te amo, diosa mía.

Estás presente

Los años hoy vienen más largos,
los días continúan su monótono transitar,
solo al estar tú presente
mis latidos se paralizan al sentirte llegar.
Tantas veces te llamé en mis noches,
cómo mi corazón bamboleaba con tu ausencia.

No tengo valor, pero sé que cuando lleguen
las enfermedades las soportaré,
con el fin de estar cerca de ti y hablarte
tantas cosas que en mi soledad medito.

Viviendo el presente y aspirando el futuro
no puedo seguir callado, escondido ni llorando.
Quisiera decirte: «Te amo».
Mi motivo para vivir eres tú
si el tiempo me da la dicha de tenerte.

Busco un momento para susurrarte al oído,
de decirte, será tu presencia.
Mi mundo mágico lleno de felicidad.
Tu mirada será la luz de mi camino.
Tu ternura será mi sol por las mañanas.

Tu mágica primavera florecerá mi universo,
al rozar tus labios con los míos.

Las lágrimas de mi felicidad serán como la lluvia
mientras estés presente
en mi corazón, amor mío.

Amor divino

Amor divino, tesoro mío,
con el aroma del atardecer vienes envuelto.
Abrir las puertas de mi corazón,
dejando la claridad a mis ojos
con una pasión divina de amarte.

Las venas de mi corazón
han vibrado al sentir tu llegada.
El sol ha escondido sus últimos rayos,
la noche no está sola,
cuando tu hermosa imagen
descansa tras un lindo atardecer.

El jardín de mi vida
siente tus pasos venir
cuando tu presencia rebosante inunda mi existir.
Acelera mi corazón, impregnado de amor.

La naturaleza ve mi cabizbajo caminar,
buscando todo alborotado.

Por el amanecer de una radiante claridad,
siento la pasión perpetua
de libertad al encontrar el amor divino
que tú me das.
Eres la esencia pura que a mi ser cobija,
eres ángel divino que vive alborotado.
En mis venas eres la entera existencia de mi ser.
Mi amor divino eres tú.

Te busqué

De tanto buscarte
se agotaron mis esperanzas.
Mis noches traen un aire color azabache.
Las lágrimas de mis ojos
son inmensas tormentas,
como la estación de invierno,
pensando con tantas locuras
de encontrarte otra vez.

Con mi voz he pecado mucho,
con mis pies he tropezado
el sendero que mis ojos han tenido valor de ver
con el ahínco de encontrarte.

Lo que he pensado, lo he hablado.
Quizás lloro, no lo sé.
El tiempo, mi mente,
se está poniendo melancólico
en estos momentos que te busco.

No encuentro la forma de tenerte a mi lado.
Los pobres corazones de amor viven,
buscando siempre un consuelo.
Así te busco con la paciencia de mi caminar
para amarte en esta vida, tesoro mío.

Este día

Qué grandioso día,
el amor llega lentamente
a nuestro mundo,
amaneciendo cada mañana.

Quiero decirte que el amor
es algo divino que ha creado Dios.
Lástima que no le ha puesto alma.
En este día, me inclino de rodillas para amarte.
Nuestros ojos dan permiso a nuestros corazones
para amarnos.

El Sol y la Tierra cambiarán de lugar;
las batallas de tantas barbaries continuarán;
el silencio de la infinita oscuridad avanzará.
Con el trajinar del tiempo, la naturaleza
abrazará nuestros corazones;
nunca olvidaré este día.

Con toda la fuerza de mis entrañas te tendré,
eternos serán los días para vivir;
porque ha corrido en mi sangre
tu presencia.
Eres tú, este día.

Tu nombre

En esta inmensa soledad,
los días están vacíos.
Tanto corre mi corazón
con la pasión de mirarte otra vez
con mis ojos.

Me has despertado en el momento
más divino de mi ser,
donde olvidé mirar la naturaleza.
De tanto caminar, me olvidé
de dar pasos para mí
por tener tu nombre en mi mente.

Mis fuerzas regresarán, mi morada estará arropada
de emoción por haberte encontrado.
Mi mundo por venir será mi
único testigo de escuchar tu nombre,
de mi más profundo sentimiento.

Ahora estoy contigo
con un corazón lleno de cicatrices.
En cada cicatriz está dibujado tu corazón.
Escribiré con cada gota de mis entrañas
tu nombre por donde camino.
Seré el único testigo de mi amor por ti.

Tu imagen

Grabada te llevo en mi corazón,
te puedo ver en la pureza de las flores.
Tanto tiempo mi alma te ha contemplado
que hasta los destellos del atardecer
dibujan tu imagen.

Mi alma te siente cerca,
aún estando lejos.
La penumbra vuelve a plasmar
el brillo de tus ojos, porque al tenerte a ti
he ganado un trocito de cielo.

Podrás dar fin a una batalla principiada,
puedes ocultarte en una noche.
Jamás mi mente podrá borrar
ese espacio que ocupa tu sublime figura,
acompañada de tu esencia para así animar mi vida.
Al futuro, imagen mía.

Esperanza

No duermo,
no por el frío o ruido que hace la naturaleza.
Me persigue un dolor en mi alma,
no sé cuándo terminará mi batalla.
Cómo pasa el tiempo sin ti,
llorando sin saber dónde estás.

El infortunio de sapiencia de mi abuelo
llegará, en mi sonrisa blanca y fresca,
a llevar mi infantil alegría.
Mi humilde amor quedará sin riego.

Mi madre y su tierno abrazo,
sépanlo bien, lo cortó el juez de un machetazo.
A las pocas horas me ha caído la noche vestida de azabache.

En mis largas horas de soledad.
El sordo rugido del viento,
la lluvia y sus gruesas gotas caen
confundidas en las frías sombras de mi espacio.
Comprender quisiera de la vida sus golpes.

La vida por siempre florecerá
cuando tengamos por quien vivir.
Mientras el mañana nos abrace
habrá esperanza.

La noche

Puedo llenar de palabras hermosas este libro.
Los poetas y escritores aman en silencio,
escuchando las melodías del corazón;
conquistando un amor
con un beso callado y puro,
donde acompañe el silencio
de esta bendita noche.

Las estrellas han dejado de brillar
al estar tu presencia más cerca de mí.
Bendita será tu voz que escuchen mis oídos,
amaré tus palabras
con la claridad de mujer que eres.

El eco de esta noche
susurra en el espacio.
Ahí te siento callada y dulce
cuando mis labios buscan adornar los tuyos.

Cabizbajamente se apoderan
de nuestros sentidos las noches eternas,
para estar cuchucheando
en nuestro digno lecho de amor,
princesa mía.

Quisiera amarte

Mientras me dé oportunidad la vida,
de juntarme con el calor del sol
que abraza la naturaleza;
de juntarme con la brisa del viento
que abraza tu ser,
quisiera abrazarte en mi alma.

Sé que hablar puedes mucho de mí.
No alcanzará el tiempo para escucharlo.
Muchas hojas volarán por tus hermosas
manos, ansiosas buscarán el espacio
para envolverse con tus suaves palabras.

Tal vez los remolinos, envueltos del viento
de mi recuerdo, no permitirán ese espacio
de las hojas envolverse en el campo solas.

No olvides esta mañana:
la vida tiene un tiempo.
No podemos vivir sin saber qué
viaje tomar si dejas de sonreír
en mi alma, hija mía.

Acércate a mi lado,
la noche está por llegar,
la aurora quizás nos despertará.

Hoy quiero cambiar
este mundo que me acogió.
Dejar momentos de orgullo,
dejar mi mundo de soledad.
Solamente regálame
una mirada de amistad, hija mía.
Si la vida nos da la oportunidad,
quisiera amarte.

Mujer

Mujer, eres la luz en la eternidad.
La muerte gana la batalla,
mas no nuestro amor.
Vivirás en el pecado de mi amor.

Estoy aquí, bella mujer.
Dime cuál es tu secreto.
Como hombre estoy acá,
no como rey ni como mandatario.

Déjame amarte en esta vida
para creer que tiene valor.
Lo que hago acá, en la eternidad lo soñaría.
El ser humano tiene generosidad
de amar y ser amado.

¿Por qué no me quieres, amada mía?
¡Mis ojos no reflejan maldad!
Solo quieren mirarte y amarte
porque eres la sinfonía que alegra mi alma.

Eres la dicha que me eleva hasta el cielo
cuando siente mi corazón
tu pasión, tu amor, tu presencia de mujer.
Habrá muchas primaveras
en nuestros corazones,
amada mujer.

Si te vas

Mis ojos no verán tu imagen;
mis oídos, tu voz no escucharán;
mi corazón sentirá tu ausencia.
Con gran dolor me quejaría
al Divino Hacedor.

Si te vas
mi boca no pronunciará tu nombre,
cegados estarán mis ojos por tu ausencia,
mis pulmones no respirarán tu aliento,
mis oídos vivirán en un sordo silencio,
mi vida será un desconsuelo.

Solo le pido a Dios
no irme a descansar prontamente.
Ruego a mis ojos no me quiten
pronto el brillo de mirar.
Ruego a mi corazón no se muera hoy.
Pido a mi voz no dejarme en el silencio.
Pido a mi cuerpo que no pierda su movimiento.
Ruego a Dios que calme esta dolorosa emoción.
¡Que es más fuerte que una muerte joven, Señor!

Gracias por haberme regalado tu tiempo.
Gracias por compartir inmensos momentos conmigo.
El dolor y el amor será mi intensa compañía.
La eternidad estará a mi espera
si te vas.

Si me dejas ahora

Si me dejas ahora, mi grito
suplicará en un eco muy lejano.
Nadie escuchará el lacerante
sufrir de un corazón herido;
solo tú escucharás en el recuerdo.

Se estremecerá la noche en la soledad,
llorarán los pajarillos al amanecer,
el día derramará sus lágrimas
al despertar por la mañana
con la angustia de no tenerte.

El Sol y la Luna estarán ocultos.
por la ausencia de nuestro amor.

Estará tensa la noche,
ocultos los cantos estarán.
Desaparecerán las fuerzas
del viento que nos cobijaba.
Las hermosas gotas que caían alegres,
en nuestro lado del cielo, ya no se
dejarán sentir por nuestra ausencia.

El mundo que vio nuestra felicidad
ya no estará presente.
Hoy saboreo mi dolor,
mi llanto, mi sonrisa;
solo hay dolor en mi corazón.

El consuelo de mis ojos
solo llorarte será,
si me dejas ahora.

Quisiera no estar ausente
en tu partida para despedir todas
mis lágrimas. Juntar mi voz a tu voz,
suplicarte mirando al cielo;
el camino que tomas no es bueno.

Decirte con una voz moribunda:
«Has destrozado mi herencia de amar.
Con tu partida, has enmudecido los sentidos
de mi alma, no me dejes ahora».

Mis sentidos

Al despedirme de ti,
caminando doy pasos preocupados.
Mis sentidos no están en mí,
veo que el atardecer no me pertenece.
En mis momentos aislados, vivo pensando
que un amanecer sea mío.

Para decirte con mis palabras
que eres lo más hermoso que ha creado Dios.
En tu imagen quiero dejar
todo mi sentir, mi dolor, mi amor.
Tengo temor cada momento
de que mis ojos no te vean.

Abatido me encuentro
con mis sentidos por la despedida
que tú me diste;
tu ausencia se llevó mi alegría.

El silencio se ha apoderado de mis noches,
el desamor me impide ordenar
mis pensamientos.
¿Cómo aceptar esta despedida?
¿Con qué palabras traducir mi dolor?
¿Qué les diré para que entiendan que te amo?

Eres el jardín que soñé cuidar.
Mis días no tienen reloj.
Las noches son eternas.
Al sentirte, abrazas mis sentidos,
amada mía.

No me abandones

A veces pienso
que mi alma no me dejaría descansar.
Con la ternura de dibujar palabras para ti,
mi corazón te extraña como el día a una noche.

Me porto como una criatura
sonriente cuando abraza a su madre.
Tengo la alegría de que en mi corazón estarás.
Cuando me voy a descansar,
me siento rodeado de una multitud de caricias
venidas de tu hermosa imagen.

Me siento un anciano
que ha pasado por todos los caminos
pensando que algún día cubrirás mi soledad,
porque ha despertado mi amor de muchos años.
No me abandones.

El llanto, el dolor estarán lejos, muy lejos.
ya no ocupará un sitio en mi existir.
Ese soplo que me faltaba para vivir me lo diste tú.
No me abandones.

Mi corazón lo depositaré en ti y así viviré a tu lado
sin sentir ninguna historia.
Tu mirada, la sonrisa de tus hermosos labios
me darán la alegría de vivir.
La voz que sale de tu sabio suspiro
quitarte quisiera con un beso tuyo.
No me abandones.

Volveré

Alrededor de mi descanso, el frío invierno
arropa y hiere mi noble existencia.
Busco a alguien que me dé un abrigo,
que me dé un motivo para vivir.

En los sonidos de la sociedad moderna,
busco tocar tu rostro con mis manos.
Al musitar con mi voz tu nombre,
me ignoras, te ausentas, tu silencio me aísla.
El mundo es tan frío y metálico desde que partiste.

Aún mi mente recuerda
tu rostro sonriente cuando te fuiste.
Una eterna tristeza embarga mis emociones;
un alma derramada sin tener paz de vivir.

En mi aposento suena
una trémula voz toda apasionada,
diciendo que nos queremos tanto,
que solo falta un paso para amarnos.
¡Volveré! ¡Volveré!

Aquella voz que tanto extrañé oír
vive en mis oídos perpetuamente.
Siempre serás tú mi abrigo incomparable.

El sol por las mañanas será nuestro guía.
La noche ha de cuidarnos del frío que nos azota.
Nos ocultaremos en un lindo abrigo.
De hermosas palabras y caricias nacerá un te amo.

El tiempo que todos temen

Temo estar en un tiempo acólito,
andar con mis árboles altos y viejos
como un ave que se remonta a las alturas
para ver su existencia sola.

Temo que el tiempo se vuelva hacia mi lado
cuando los años son de invierno,
el aire que nos da la tranquilidad de respirar
ya no estará con nosotros; la claridad, el tiempo,
están lejanos a nuestra existencia.

El sol tocó mi espalda,
la noche quiere tocar mis ojos.
El cuadro más hermoso
que Dios puso en mis ojos
jamás dejaría de mirar,
eres mi cuadro perfecto.

Quisiera llorar porque el mundo se envejece
mis días, mis árboles se van
sin dar espacio para retenerlos.
Mi cabeza toda taciturna camina
sin ningún espacio cuando tú no estás.

El río corre, el viento anda por los andes,
las montañas hacen sus caminos,
alborotados junto con el tiempo,
alegres pensando que el mundo es suyo.

El tiempo, el mundo, ya no será nuestro
cuando se acaben nuestros recuerdos,
amada mía.

Criatura

En mis horas
de tranquilidad, felicidad y sosiego
pensé buscar un espacio en el tiempo
para tener una conversación con nuestro Dios.

Conversamos muy arduamente.
La vida tiene una felicidad de tranquilidad
mientras la humanidad vive en la paz
que tú has creado, Señor.

¡Siento tu calor, tu amor, Señor!
Tengo tanto dolor y celos
como tú sientes, Señor,
al haber creado a una linda criatura
en esta hermosa tierra;
tan bella que no puedo tener
palabras apropiadas ni manos
para poder dibujar su belleza.

Los días son nobles cuando estoy a tu lado.
Mis lentejuelas dan un hermoso adorno.
Donde hay un callado timbre de tu voz silenciosa,
la aurora aúlla a lo lejos nuestra tranquilidad.

El cielo resplandece con la claridad de su sol.
No quisiera salir de tu calor, criatura mía.
Enséñame a dar calor, amor, felicidad
en mi corazón, amada mía.

Sufrirás por un amor

Mi corazón te di con gran amor,
pensando que me amabas.
En un momento apresurado, mi amor se descristalizó
ya que un viejo amor lo abandonó.

Mis momentos son cabizbajos, me obligan
a recoger mis lentejuelas,
mis azucenas que deposité en ti.

Los tiempos hermosos que tuvimos
los llevo para que no te den
desasosiego en tu camino.
Mis lágrimas las oculto en lo más profundo de mi ser
para que, cuando vuelvas a abrazarme,
con tus alas bien perfumadas,
acerques tus labios a mi gustar.

Esos momentos que tuvimos ya no volverán,
estará escrito en un viejo libro sin importancia
que tú dejaste escapar.

Ahora solamente leerás, recordarás,
mas no encontrarás amor humano.
Ahí derramarás mis lágrimas,
que fueron abandonadas por tu hipocresía.

Vivirás en tu alcoba de silencio
recordando momentos que estarán en el pasado.
Me llamarás. Ni yo ni nadie escucharemos tu voz.

Te di mi mirada, en donde brillaban mis pupilas,
mi ternura de amor,
la piedad de mis ojos que te decían:
«No tengo más que darte, solo voluntad de amarte».
Mi sonrisa brillaba alegremente
en mis labios, la piedad de mis besos
dejarme sobre los tuyos gustar.
Mi boca toda trémula te pidió
una súplica suprema de amor.
No me entendiste.

Disfrutaste de mí
como un sorbo de agua sobrante.
Vivirás en el sufrimiento de aquel amor.

Más allá

Más allá de la noche, tu imagen puedo ver.
Más allá de la noche, siento tus pasos.
Más allá de la noche, percibo tu voz.
Más allá de la noche, tu sonrisa llena mi mundo.

Más allá de tus sueños estaré,
de no ser el elegido por ti;
porque mi mundo no es tuyo,
tampoco el tuyo es mío.

En mi infinito silencio
debo esconder todo lo que siento por ti,
para no susurrar en tu digno lecho
un te amo.

Cada instante, lágrimas voy dejando.
En momentos, mi corazón se va diluyendo
al sentir mi alma sola, en las noches oscuras y vacías.
Mi corazón, mi mundo, mi voz,
mi alma los cobijó en una noche eterna.

En este mundo claro y bondadoso dejo mi amor.
En unas noches como estas, blancas y frescas,
lo encontrarás. Cuando la luna te mire y esté redonda,
o cuando raye el sol por las mañanas;
ahí estaré, en tu pensamiento.

Más allá de la noche estaré,
más allá del silencio infinito
mis plegarias se elevarán,
regalándote una sonrisa de amor.
Más allá de tus sueños lloraré.

Adiós

Palabra tan ingrata, en el mundo de la amistad.
Mis ojos se llenaron de neblina original,
mi boca no dejará de hablar tu nombre,
mi mundo, mi ser, no quiere saber nada
de esta palabra: adiós.

A Dios le he preguntado si alguien se despidió de él.
Aún no me contesta, seguro estará llorando
o triste por este adiós que existe.

¡Dios, no quiero ser cobarde ante esta palabra!

Porque odio sin haber amado,
porque tiemblo sin haber tenido miedo,
porque lloro sin haber sentido piedad,
porque mato sin haber tenido motivo,
porque muero sin haberme enfermado.

Por qué das amor para amar
si no soy amado, ¡Señor!
Por qué existes si me dices adiós.
Tengo las lágrimas presentes al haberte encontrado.
No quiero hablar.
Mi mundo tiene la muerte en las manos
ante esta palabra: adiós.

Lecturas recomendadas

En leer poesía de antaño no hay engaño (Míster Poetauro)

Metamorfosis (Miguel Ángel Sánchez Marí)

El eco de las palabras (José Angelino Leal)

Andanzas subterráneas (Juan Gutiérrez)

De las cazas (Marshall Clemente)

www.ingramcontent.com/pod-product-compliance
Lightning Source LLC
LaVergne TN
LVHW041001150826
845672LV00002B/803

* 9 7 8 6 1 2 5 0 7 8 9 0 2 *